Orient/Occident, mode d'emploi · East meets West · 东西相遇

Un livre de Yang Liu · A book by Yang Liu · 作者刘扬

Quand j'ai quitté Pékin pour Berlin à l'âge de 13 ans, j'ai été confrontée – d'abord presque quotidiennement – à une réalité totalement opposée à celle à laquelle j'étais habituée, depuis les conventions sociales jusqu'aux conceptions les plus fondamentales. J'étais tour à tour surprise, désorientée, contrariée, choquée... ou simplement amusée. Il m'a fallu des années avant de pouvoir percevoir et comprendre les situations selon les deux points de vue. ■ Au fil des ans, j'ai noté les différences petites et grandes que je rencontrais, d'abord sous forme de croquis, puis de séries de pictogrammes soulignant les contrastes. Le rouge symbolisait la Chine, le bleu l'Occident. ■ Grâce à ce journal visuel, j'espère aider d'autres personnes à éviter les écueils de la confrontation entre les cultures et à atteindre l'essence même de la communication – l'échange entre individus – en prévenant autant que possible les malentendus.

When I left Beijing and moved to Berlin at the age of 13, I discovered—almost on a daily basis—that things were quite the contrary of what I was used to, starting with social customs and extending all the way to fundamental ways of thinking. There were countless times when I was variously confused, surprised, annoyed and shocked—or when I simply had to laugh. Only years later was I able to see and understand many of these situations from both sides. ■ Over the years I have documented minor and major differences I have encountered, recording them first as sketches and later visualizing them as contrasting pairs of pictograms. Red thereby symbolizes China, blue the West. ■ With my personal visual diary, I hope to help other people avoid some of the stumbling blocks to communication between cultures and make it easier for them to arrive at the essence of communication—the exchange between individuals—as far as possible without misunderstandings.

十三岁时从北京来到柏林,几乎每天都经历自己习惯的东西被彻底颠覆,从待人接物到基本思考结构。曾有无数的时刻使我迷惑,惊讶,愤怒或简单的大笑。若干年后才能慢慢的从不同的文化角度再次理解和看待那些事务。■我多年来把自己经历的大大小小的文化差异记录下来,用图形将其对比并整理成册。红色代表中国,蓝色代表西方。■我希望通过我个人的视觉日记,能对其他朋友们在多文化交流中有所帮助。尽量避免差异带来的误会,可以有更多的时间关注交流中更重要的部分 — 人与人的沟通。

L'expression de l'opinion · Opinion

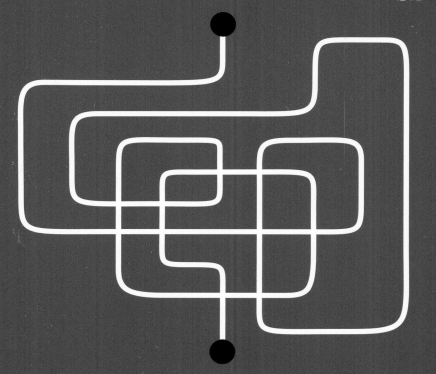

意见

La vérité · Truth

真理

La ponctualité · On time

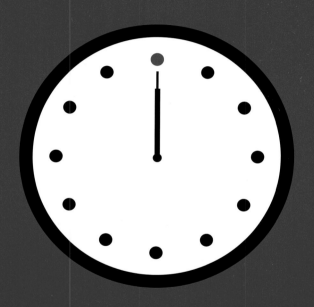

准时

Moi · Me

自我

Les contacts · Networking

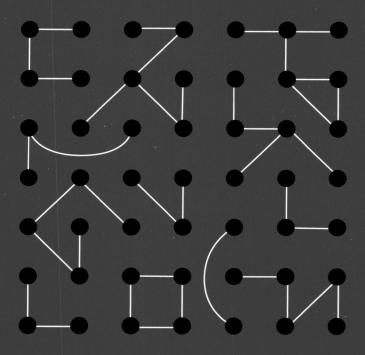

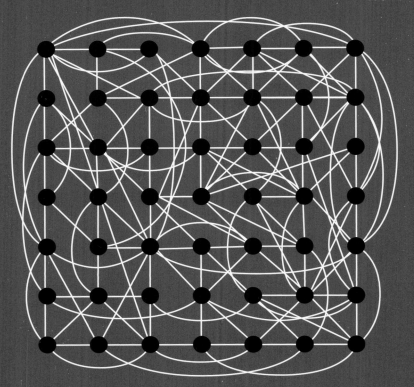

File d'attente · Queue

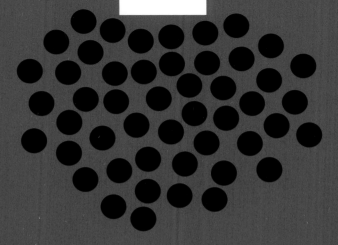

排队

生活方式

Un dimanche dans les rues · Streets on Sundays

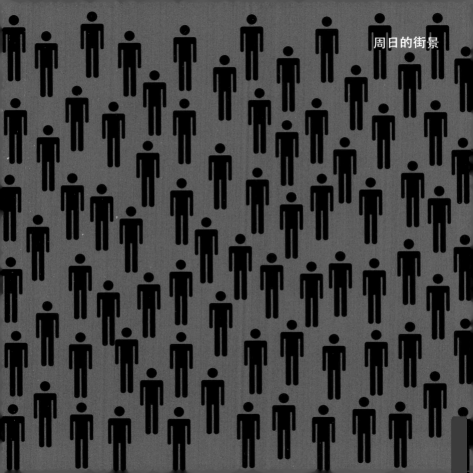

En soirée · Party

聚会

Au restaurant · In restaurants

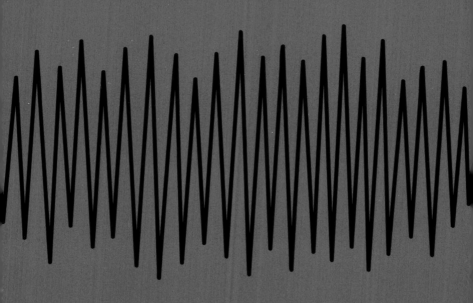

在餐厅

Les animaux · Animals

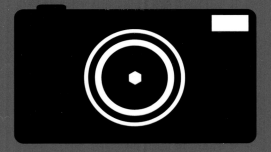

L'intégration des séniors · Society and seniors

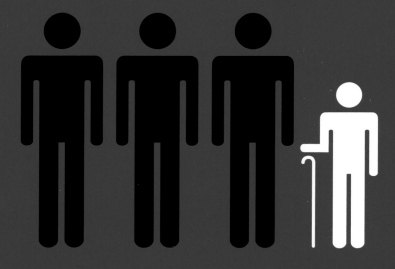

Boisson contre la fièvre · Drink for a fever

L'idéal de beauté · Ideal of beauty

La gestion des problèmes
Dealing with problems

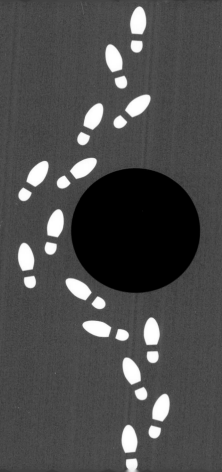

Compter jusqu'à huit · Count till eight

Le sommeil · Sleeping

睡眠

Les trois repas · Three meals

Les transports · Transportation

1970

Aujourd'hui · Today

交通工具

1970

今天

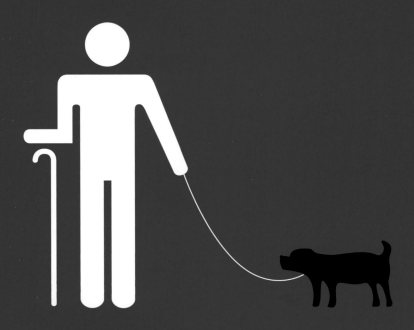

Le quotidien du 3ᵉ âge · Seniors' daily life

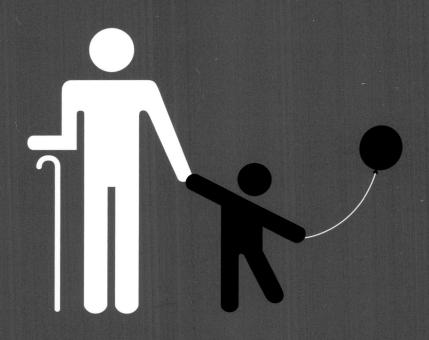

L'heure de la douche · Shower time

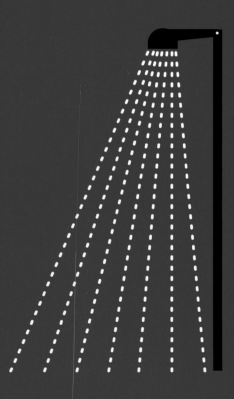

Le soleil · Sunshine

L'humeur et la météo · Mood and weather

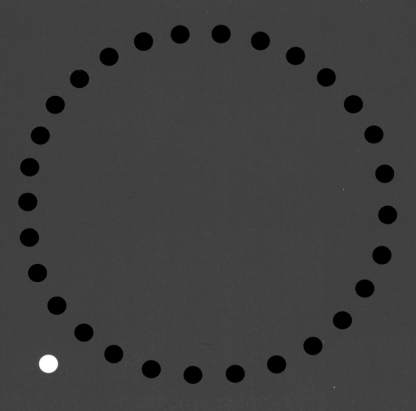

初来乍到

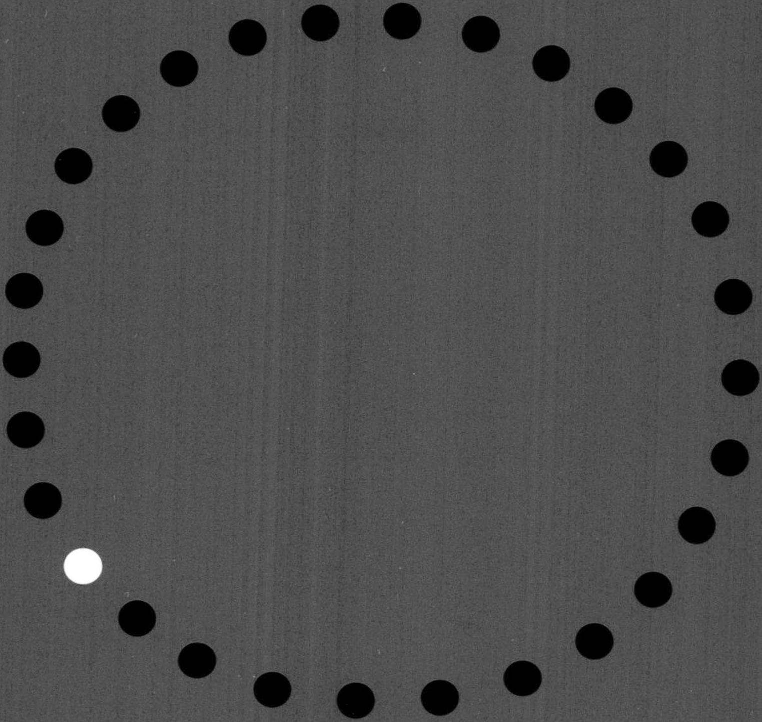

Le boss · Boss

领导

Le cimetière et la ville · Cemetery and city

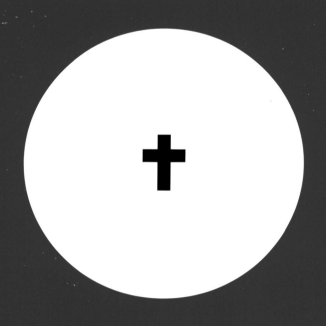

Les riches et les pauvres · Rich and poor

贫富差距

L'enfant · The child

孩子

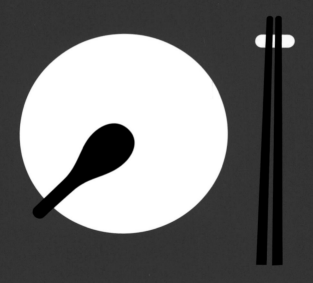

Le désir d'enfants
Wish for children

1970

Aujourd'hui · Today

生儿育女

1970

今天

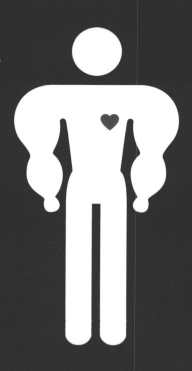

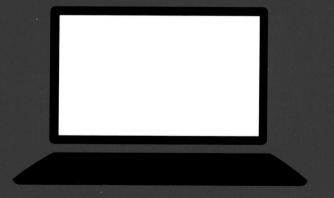

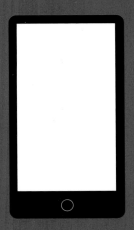

Les loisirs · Leisure time

La perception de l'autre · Perception of each other

En 2003, lorsque j'ai quitté Berlin pour New York, j'avais passé exactement le même nombre d'années en Allemagne et en Chine : 13. J'ai ressenti l'envie d'illustrer visuellement cette période de mon existence. Pour ce livre, j'ai ainsi opté pour le format symbolique de 13 x 13 cm. C'est au terme d'un long processus qu'il a abouti à sa forme définitive et a été publié en Allemagne en 2007. ■ Lors de la première exposition des pictogrammes *Orient/Occident* à Berlin, certains se sont retrouvés sur Internet et ont été postés sur plusieurs milliers de sites et de blogs en l'espace de quelques jours seulement. Au cours des mois suivants, ils se sont répandus comme une traînée de poudre : les blogueurs ont traduit les légendes dans toutes les langues et le livre a fait l'objet de débats dans d'innombrables forums à travers le monde. Les médias traditionnels s'en sont fait l'écho, contribuant eux aussi à sa diffusion internationale. Les images d'*Orient/Occident* ont depuis été exposées dans plus de 20 pays. ■ J'ai été particulièrement touchée par l'extraordinaire intérêt qu'ont suscité les thèmes abordés dans ce livre et par la multitude de lettres que j'ai reçues de lecteurs venus des quatre coins du monde, de la Chine aux États-Unis en passant par le Brésil, l'Iran, l'Inde et le Zimbabwe. Il est émouvant de voir combien de gens sont confrontés aux mêmes questions à l'ère de la mondialisation. Avec cette édition internationale, j'espère pouvoir toucher un public encore plus large.

Yang Liu

开始创作这本书是在2003年。那年我在德国和中国都生活了13年，并在当年搬到纽约。和两国地域上的距离，使我产生了把这段生活记录下来的愿望。这本书的大小13x13厘米也从此而来。这是个漫长的创作过程，直到2007年这本书最终在德国出版。■在柏林的个览上，书中一部分图片被传到网上。在短短的几天内这些图片被转发到几千个网站和博客上。在之后的几个月里它们经历了一次网络传播的爆炸。出现无数专题讨论这些图片的网站，使它们走上了一条延续至今的传播之旅。东西相遇系列海报至今在二十多个国家举行多次个展。■我非常感动的看到读者及网友们对此作品的关注，尤其收到来自世界各地的读者来信，他们与我探讨日常在跨文化交流中遇到的种种困惑和感想，从中国到美国，从巴西到伊朗，从印度到津巴布韦。这些年来我非常感慨的看到世界上有多少人在我们这个全球化的时代面临着和我同样的经历和感受。我非常希望能通过这版国际版本有机会和更多的读者得到交流。

— 刘扬

In 2003, when I left Berlin and moved to New York, I had spent exactly 13 years in Germany and 13 years in China. I felt the desire to document this chapter of my life in visual terms. As the format for the book, I therefore chose the symbolic dimensions of 13 x 13 cm. It was a long process before the book assumed its final form and was published in 2007 in Germany. ■ During the first exhibition of my *East meets West* pictograms in Berlin, some of them unexpectedly appeared on the Internet and were posted on several thousand websites and blogs within the space of just a few days. Over the following months they went viral: bloggers translated the pictogram captions into all different languages and people discussed the book in countless forums all over the world. Reports in the conventional media likewise contributed to its global spread. Pictures from *East meets West* have since been shown in exhibitions in over 20 countries. ■ I was particularly touched by the incredible interest in the book's themes and by the countless personal letters I have received from readers around the world: from China to the USA, from Brazil to Iran, and from India to Zimbabwe. It is moving to learn how many people are grappling acutely with the same questions in our global age. With this international edition, I hope to be able to communicate with an even wider audience.

– Yang Liu

Yang Liu est née à Pékin en 1976. À l'âge de 13 ans, elle s'est installée en Allemagne avec sa famille. Après des études à l'Université des arts de Berlin (UdK), elle a travaillé comme graphiste à Singapour, Londres, Berlin et New York. En 2004, elle a fondé son propre studio de design où elle exerce aujourd'hui encore. Parallèlement aux ateliers et présentations organisés dans le cadre de conférences, elle enseigne dans de nombreuses universités. En 2010, elle a été nommée professeur de design de communication à l'Université des arts techniques de Berlin (BTK). Ses travaux ont été récompensés à plusieurs reprises lors de concours internationaux. Ils sont hébergés dans des musées et exposés dans des collections dans le monde entier. ■ Yang Liu vit et travaille à Berlin.

Yang Liu was born in Beijing in 1976. At the age of 13, she moved with her family to Germany. Following her studies at the Berlin University of the Arts, she worked as a graphic designer in Singapore, London, Berlin and New York. In 2004 she founded her own design studio, which she still runs today. She holds workshops and delivers lectures at conferences and teaches at numerous universities. In 2010 she was appointed Professor of Communication Design at the BTK University of Applied Sciences, Berlin. Her works have received several awards in international competitions and are exhibited in museums and included in collections around the world. ■ Yang Liu lives and works in Berlin.

刘扬于一九七六年生于北京。十三岁随家人迁居德国。曾就读柏林艺术大学设计系，师从霍尔各·马帝斯，获硕士及大师班学位。毕业后曾在新加坡，伦敦，柏林，纽约工作及生活。二零零四年在柏林创办了刘扬设计工作室。除了在各大设计研讨会及博览会讲座外，她曾任教于多所美术学院。自二零一零年起刘扬被聘为柏林工业艺术学院视觉设计系教授。她的作品曾多次在国际设计大赛中获重要奖项，多次被国际多家博物馆展览并收藏。■刘扬生活和工作于柏林。

Remerciements
Thanks
鸣谢

Nafög Büro, UdK Berlin
Kyung-Ho Cha
Mario Krebs
Ulrich Ernst
Martina Niemeyer
Frank Steinheimer
Alexander Scholz
Wang Zheng
Astrid Oldekop
Tom Geismar
Peter Käsner
Druckerei Schröder
Christian Pretzlaw
Julia Leiditz
Michael F. W. Schaefer
Gundi K. Schaefer
Gong Zhang
Benedikt Taschen
Florian Kobler
Axel Haase

Merci pour votre soutien!
Thank you very much
for your support!
感谢你们的支持！

La différence des sexes à l'épreuve des faits
It's time for a reality check with the opposite sex

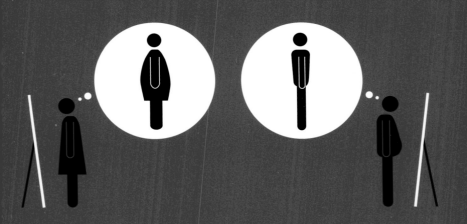

Également disponible · Also available

Yang Liu. homme/femme, mode d'emploi
Yang Liu. Man meets Woman

Couverture rigide, reliure en tissu, 13 x 13 cm, 128 pages
Hardcover, clothbound, 5,1 x 5,1 in., 128 pages
€ 12 / $ 15 / £ 10

UN LIVRE TASCHEN, UN ARBRE PLANTÉ!
TASCHEN affiche un bilan carbone neutre.
Chaque année, nous compensons nos émissions
de CO₂ avec l'Instituto Terra, un programme de
reforestation de l'État du Minas Gerais, au Brésil,
fondé par Lélia et Sebastião Salgado.
Pour plus d'informations sur ce partenariat
environnemental, rendez-vous sur
www.taschen.com/zerocarbon
Inspiration : illimitée. Empreinte carbone : nulle.

Si vous souhaitez être informé des prochaines
parutions TASCHEN, abonnez-vous à notre
magazine gratuit sur www.taschen.com/
magazine, suivez-nous sur Twitter et Facebook,
ou contactez-nous par e-mail à l'adresse
contact@taschen.com pour toute question
concernant notre programme de publication.

EACH AND EVERY TASCHEN BOOK PLANTS A SEED!
TASCHEN is a carbon neutral publisher. Each year,
we offset our annual carbon emissions with
carbon credits at the Instituto Terra, a reforestation program in Minas Gerais, Brazil, founded by
Lélia and Sebastião Salgado. To find out more
about this ecological partnership, please check:
www.taschen.com/zerocarbon
Inspiration: unlimited. Carbon footprint: zero.

To stay informed about TASCHEN and our
upcoming titles, please subscribe to our free
magazine at www.taschen.com/magazine, follow
us on Twitter and Facebook, or e-mail your
questions to contact@taschen.com.

Orient/Occident, mode d'emploi · East meets West
Un livre de **Yang Liu** · A book by **Yang Liu**

Concept/Design © Yang Liu
Idea/Design © Yang Liu

© Idée originale et copyright de la totalité des
dessins et des textes
© All artwork and text copyright
Yang Liu Design
Torstraße 185 · 10115 Berlin
www.yangliudesign.com

Coordination éditoriale · Project management:
Florian Kobler, Berlin
Production · Production:
Frauke Peters, Cologne
Traduction française · French translation:
Arnaud Briand, Paris
Traduction anglaise · English translation:
Karen Williams, Rennes-le-Château

© 2015 TASCHEN GmbH
Hohenzollernring 53
D–50672 Köln
www.taschen.com

ISBN 978-3-8365-5403-9
Printed in Italy